الطبعة العربية الأولى عام ٢٠١٧
دار جامعة حمد بن خليفة للنشر
صندوق بريد ٥٨٢٥
الدوحة، دولة قطر

www.hbkupress.com

لطيفة والقمر

الترقيم الدولي: ٩٧٨٩٩٢٧١١٩٣٧٨

تمت الطباعة في بريطانيا العظمى بمعرفة CPI Group (UK) Ltd., Croydon CR0 4YY.

مكتبة قطر الوطنية بيانات الفهرسة -أثناء -النشر (فان)

الجيزاوي، أحمد صلاح، مؤلف.

لطيفة والقمر / قصة ورسوم أحمد صلاح الجيزاوي. – الطبعة العربية الأولى. – الدوحة : دار جامعة حمد بن خليفة للنشر ، 2017.

صفحة ؛ سم

تدمك : 978-9927-119-37-8

1. الحيوانات – قصص الأطفال. – ج. العنوان.

PZ10.763.I92 L37 2017

892.737 – dc 23

لطيفة والقمر

قصة ورسوم: أحمد صلاح الجيزاوي

دار جامعة حمد بن خليفة للنشر
HAMAD BIN KHALIFA UNIVERSITY PRESS

في بلادٍ بعيدةٍ، تُوجَدُ غابةٌ صغيرةٌ
تعيشُ فيها مجموعةٌ منَ الأصدقاءِ
في بيوتِهم الجميلةِ.

تسكنُ لطيفةُ
أحدَ هذهِ البيوتِ،
وتعيشُ في سعادةٍ
مع جيرانِها.

تأكلُ لطيفةُ أوراقَ الأشجارِ مثلَ
كلِّ الزَّرافاتِ، و تساعدُها رقبتُها
الطويلةُ على الوصولِ إلى
قممِ الأشجارِ.

زكي قردٌ طيّبٌ لا يَكُفُّ عن التَّأرجُحِ بينَ الأشجارِ.

تمنّتْ لطيفةُ لو كانَ بإمكانِها
التّأرجُحُ مثلَ زكي.

بحَثَتْ في الغابَةِ فلم تجدْ شجرةً
عاليةً تتحمّلُ طُولَ رقبتِها.

فكّرَتْ لطيفةُ في البحثِ عن سُلَّمٍ
تصعدُ بهِ إلى السّحابِ لتطلبَ منَ
القمرِ أنْ يصنعَ لها أُرجوحةً.

أغمضَتْ عينيها وحَلَمَتْ بسُلّمٍ
طويلٍ يَصِلُ إلى القمرِ.

سَخِرَ الثّعلبُ من لطيفةَ قائلاً:
«منَ المستحيلِ أنْ تتأرجَحَ الزّرافاتُ».

حَزِنَتْ لطيفةُ لأنّها لا تستطيعُ التّأرجُحَ.

ولكنّ صديقتَها السلحفاةَ طيّبَتْ خاطرَها
قائلةً: «لا تحزني، فلا شيءَ مستحيلٌ. بالصّبرِ
والعملِ والتعاونِ يتحقّقُ المستحيلُ».

فكّرَ زكي كيفَ يُساعدُ صديقتَهُ
الزَّرافةَ على تحقيقِ حُلْمِها.

قرّرَ زكي أنْ يبعثَ برسالةٍ
إلى القمرِ ليطلبَ منه
مساعدةً لطيفة.

ذهبَ زكي إلى صديقِهم الببغاءِ كي يساعدَهم
على توصيلِ الرسالةِ إلى القمرِ.

أخذَ الببغاءُ رسالةَ زكي
وطارَ بها عاليًا.

وصلَ الببغاءُ إلى منطقةِ ريحِ
الأعالي، وطلبَ منها توصيلَ
الرسالةِ إلى القمرِ.

أخذَتِ الرياحُ الرّسالةَ وطارَتْ بها
حتّى أوصلتْها إلى القمرِ.

قرأَ القمرُ الرّسالةَ وقرّرَ مساعدةَ لطيفةَ،
لأنّها طيّبةٌ وكلُّ أصدقائِها يحبّونَها.

صنعَ القمرُ أُرجوحةً جميلةً كي يُحقّقَ
أُمنيةَ لطيفةَ.

بقيَتْ مشكلةٌ واحدةٌ أمامَ لطيفةَ،
فالأرجوحةُ عاليةٌ في السّماءِ لا تعرفُ
كيفَ تصلُ إليها.

جاءَتِ الحمامةُ إلى لطيفةَ، وقالَتْ لها إنها ستساعدُها على الوصولِ إلى الأُرجوحةِ.

احتارَتْ لطيفةُ كيفَ ستُساعدُها الحمامةُ وهي زرافةٌ كبيرةُ الحجمِ.

حملَتِ الحمامةُ وأصدقاؤها
الطيورُ لطيفةَ بالحبالِ،
وطارَتْ بها إلى الأرجوحةِ.

فَرِحَ أصدقاءُ لطيفةَ لأنَّها حقّقَتْ حُلْمَها واستطاعَتِ التَّأرجُحَ.

كما خابَ ظَنُّ الثَّعلبِ الّذي حاولَ أنْ يُثبّطَ عزيمَتَها.

شكَرَتْ لطيفةُ كلَّ مَنْ ساعدَها،
وعَرَفَتْ أنّهُ لا شيءَ يقفُ أمامَ التّعاونِ
بينَ الأصدقاءِ.